AF224671

HUITIÈME LETTRE

D'ICILIUS.

Les boucliers des Abencérages portaient empreintes, sur un champ d'azur, deux figures de sauvages brisant une ville ; autour de cette devise on lisait ces mots : *C'est peu de chose.*

Les travaux des deux chambres qui ont brisé l'ancien ministère sont comme les travaux de ces deux sauvages, *c'est peu de chose.*

Après avoir, comme les Athéniens, vaincu le premier Philippe, elles s'en sont fait un autre qui punit leur victoire ; et les Démosthènes français, si nous en avions, pourraient durement les interroger sur les futures destinées de la patrie.

Quelle est aujourd'hui la situation de la pairie française ?

Des assemblées qui avaient comme elle du pouvoir et des pensions, ont vécu peu de jours ; des orateurs pourtant leur promettaient une éternelle durée, aux termes de la constitution cela devait être ainsi : l'éternité dura six mois.

Quelque pressée que fût une autre assemblée, en rédigeant son projet de constitution, elle n'avait point oublié le soin de sa dignité ou des pensions qui, dit-on, la maintiennent; le sénat-conservateur, dans sa juste reconnaissance pour les services qu'il allait rendre à la patrie, s'était voté des remercîmens pécuniaires : ce trait de prudence acheva de le perdre; il était peu de chose, il ne fut plus rien. Or, le vote de la loi sur les pensions de la pairie est l'écho affaibli du vote sénatorial; et je comprends que pour le donner les pairs aient voulu garder l'incognito.

L'armée actuelle de la pairie s'est formée de trois conscriptions bien distinctes : elle a reçu successivement un contingent de sénateurs, de ministériels, et d'émigrés. Les élus de Buonaparte, de M. de Cazes et de M. de Villèle, y sont la masse et le fonds de l'assemblée.

Comme ces trois ambitieux s'occupaient moins du pays que d'eux-mêmes, peu de leur choix furent patriotiques; s'ils admirent de grands citoyens, ce fut comme une escorte honorable qu'ils donnaient à leurs créatures. Ils ont fait des pairs dans l'intérêt passager de leur puissance, et non dans l'intérêt impérissable de la monarchie; c'était à leurs vues particulières qu'ils subordonnaient leurs choix dans la chambre haute; ils rédigeaient la loi d'abord, ensuite ils lui nommaient des votans; la loi n'était pas faite en vue de l'assemblée, mais l'assemblée était formée en vue de la loi; ils la rendaient ainsi instrument et machine, et cependant la seule pairie véritable est celle qui donne une autorité sacrée aux lois qu'elle adopte. Les pairs dont le suffrage n'ajoute rien au respect du peuple pour ces lois, ne sont pas des législateurs, ce sont des chiffres.

L'admission de cette sorte de pairs a été l'exclusion de plus dignes. Si donc il est des hommes dont la présence a compromis la pairie, il en est d'autres dont l'absence lui est funeste; il y a danger pour elle à tenir en dehors de grandes notabilités patriotiques.

La pairie s'est formée sous de tristes auspices : de là les préventions qui s'élèvent contre elle.

D'un autre côté, l'aristocratie n'est point populaire en France, elle est comme accusée par les souvenirs de l'ancienne noblesse et du sénat de l'empire. Nous avons encore présent à l'esprit le vote sanglant des conscriptions impériales.

Si l'on en croit l'opinion commune, ce sont les cours de Louis XVI et de Napoléon qui les ont perdus l'un et l'autre. L'ancienne noblesse a causé les fureurs de la révolution; ce sont les lâchetés des grands de l'empire qui nous ont valu la tyrannie de leur maître; la fuite de Moscou, l'invasion de la France, sont des votes du sénat-conservateur, car ceux-là sont les auteurs de nos maux, qui les ont amenés par leurs fautes : quiconque a posé le principe doit justement répondre des conséquences.

Qui nous force à juger meilleurs beaucoup de

nos pairs actuels, sortis en foule du sénat, de la cour, et de la chambre introuvable? Que sont-ils et qu'ont-ils fait pour le pays? Où sont les gages d'attachement qu'ils ont donnés à la vieille cause des libertés publiques? quand les Buonaparte, les de Cazes et les Villèle insultaient la constitution, quelle a été leur conduite? dans quels rangs étaient ces pairs en 1815? qu'attaquaient-ils alors avec tant d'ardeur? quels étaient leurs doctrines, leurs discours et leurs votes? que prétendaient-ils? que voulaient-ils?

Aujourd'hui, nous dit-on, tous les pairs sont dévoués à la charte, aucun d'eux n'appuierait un despote. Loin de nous la pensée d'y contredire; nous en concluons seulement, mais à part nous, que plusieurs d'entre eux ont beaucoup changé.

Comme il est des hommes qui ont une célébrité fâcheuse, il en est d'autres qui ont le malheur de n'en avoir aucune; et pourtant la pairie n'était point due aux mérites vulgaires : c'était assez d'une pension pour un ancien ministre écarté d'une place qu'il n'aurait jamais dû avoir; c'était assez d'un cordon rouge pour un membre de la commission de censure; en leur donnant un titre de comte, la France était quitte envers les grands-cousins de son excellence.

Il est aussi des pairs dont la position politique est déplorable : choisis par un patron à titre de créatures ou par un parti, comme apôtres de ses croyances, ils sont liés par des professions de foi solennelles auxquelles ils ont dû leur nomination; ils ne peuvent sans déshonneur abjurer leur doctrine; le passé les domine et leur fait la loi; ils ne sont pas libres.

Il en est d'autres dont la position privée n'est pas moins fâcheuse. Revêtus de hautes charges dans le palais du prince, ils sont soumis à l'influence de la cour, qui les attache à elle; la cour les asservit par la reconnaissance; ses bienfaits sont pour eux comme le seraient les bienfaits des ministres, un lien véritable, qui enchaîne leur opinion; ils ne sont plus libres. Les ministres qui ont donné la pairie aux grands-officiers du palais, ont d'ailleurs méconnu ou bravé l'esprit du siècle, et dans les deux cas, ils ont commis une faute.

Combien de pairs enfin sont dotés par le pouvoir même qu'ils surveillent! Chose étrange et nouvelle sans doute, la pairie est une dépense : nous portons en compte au budget nos frais d'aristocratie, nos modernes grands seigneurs, les comtes de Champagne et de Flandre, les ducs d'Aquitaine du nouveau régime, ont des appointemens.

La couronne a fait de l'aristocratie comme on en faisait autrefois, avec des hommes de cour et des gentilshommes; mais les temps ne sont plus

les mêmes ; ce qui était jadis respecté a cessé de
l'être ; les gentilshommes et les hommes de cour
ont pu rester les mêmes , mais on a bien changé
d'idée sur leur compte.

La France a d'autres principes sur l'impor-
tance des hommes ; elle assigne un rang consi-
dérable à des mérites autrefois dédaignés, en
même temps qu'elle oblige à décheoir ceux qui
jadis occupaient les hauteurs. Quelque commune
que soit son origine, un maréchal de France n'est
plus pour elle un officier de fortune; elle estime
à l'égal d'un maître des cérémonies, d'un cham-
bellan et d'un écuyer cavalcadour, le savant qui
construit ses flottes, le manufacturier qui enrichit
une province , le député qui défend ses droits à
la tribune ; elle eût aimé qu'on lui fît de l'aristocratie avec des Foy, des La Fayette, des Ter-
naux et des Royer-Colard , au risque de faire
attendre les apôtres de la censure.

Il manque aussi à la pairie française le plus
précieux de tous les avantages, celui d'avoir servi
le pays qu'elle gouverne. Le sénat romain était
le fondateur de la liberté romaine ; les nobles
de Venise lui donnaient la gloire en échange de
la liberté. La constitution anglaise est une con-
quête des barons anglais. Toutes les noblesses
qui ont eu quelque valeur, s'appuyaient sur la
reconnaissance des peuples. Le patronage, qui
manque à la pairie, est la vraie force de l'aris-

tocratie, formée d'après les principes que nous avons posés, et affermie par le temps sur sa base immobile. L'aristocratie, avec toutes ses gloires, ses vastes fortunes et ses beaux souvenirs, commande au pays une admiration respectueuse; pareille à ces monumens du désert contemporains de tous les siècles, sa longue durée fait sa sûreté présente; on ne songe pas à la renverser par cela même qu'on la juge indestructible.

Comme elle s'est composée à son origine des citoyens les plus dignes, elle s'est recrutée ensuite parmi les belles illustrations de chaque époque; elle avance et marche avec les siècles, par cela même qu'elle a l'esprit de son âge; elle en a toute la puissance, et le présent lui appartient,

Au malheur d'être née sous l'influence de l'ancien régime, la pairie joint celui d'être formée depuis peu, à la pairie comme à la monarchie; il eût été bon d'avoir vécu de longs jours; car une institution pareille se fortifie en traversant les siècles; le temps l'empreint d'une sorte de majesté, et lui permet d'invoquer sa vieillesse comme un droit au respect.

La pairie française, qu'on a faite mal et trop vite, n'a donc pas cette puissance morale qui est la véritable; l'autorité manque à son langage; c'est en vain qu'au jour des révolutions elle voudrait se faire écouter; sa voix, en essayant de commander aux tempêtes populaires, irait se perdre au milieu d'elles ; car lorsqu'un peuple consent à s'arrêter, c'est à la voix de ceux qu'il a suivis long-temps. La répression des excès populaires est néanmoins pour la pairie le plus saint des devoirs, et cette mission deviendra de jour en jour plus difficile.

Bien qu'il soit éloigné, le triomphe de la démocratie nous paraît inévitable; quoi qu'on fasse, elle ira sa route et touchera le but.

Les ministres de la restauration, les Montesquiou, les Blacas, les Siméon, les Pasquier, les Portal et d'autres ministres célèbres dont le nom me reviendra, ont voulu arrêter sa marche. Où est leur victoire ?

Tandis que roidissant leurs petits bras, ces pygmées essayaient de l'enchaîner, le géant, sous sa main puissante, faisait trotter devant lui ces petits ministères.

Examinons ce qui se passe, et comment se développent les forces de la démocratie.

Le peuple a fait comme Charles-Quint, il a donné sa démission ; mais aussi, comme Charles-Quint, il s'en repent.

Comme il est difficile aux députés d'être élus sans partager les sentimens de la multitude qui crée ses hommes à son image et à sa ressemblance, la chambre des communes est forcément et dès sa naissance une assemblée démocratique.

Lorsqu'ensuite les députés viennent à Paris se réunir, il s'établit dans cette masse de passions populaires une fermentation qui les rend plus vives. L'ardeur de chacun ajoute à l'ardeur générale qui à son tour réagit sur tous, et l'assemblée devient ainsi plus démocratique que chacun de ceux qui la composent.

Les orateurs ambitieux d'agir sur l'assemblée, échauffent encore son ardeur démocratique, car ceux-là doivent sortir des rangs, ceux-là doivent marcher en avant, qui veulent entraîner les autres et paraître guides.

La démocratie, fût-elle affranchie de cette influence, elle manquerait encore de modération ; elle est par sa nature inquiète et guerrière ; comme César, elle a besoin d'ennemis ; sa gloire est dans les combats, où elle accroît ses forces en les développant.

Demander à la démocratie de renoncer aux conquêtes, c'est lui demander de se mentir à elle-même ; or il est écrit qu'un principe ne mentira pas.

Le repos actuel de la démocratie ne doit pas nous donner le change sur le fond de son caractère ; occupée à combattre l'ancien régime, elle a comme ajourné ses autres guerres ; mais les abus détruits, son activité demandera de nouveaux alimens. L'utile incendie qui consume aujourd'hui les bruyères, demain menacera les moissons.

Quatre cents tribuns vont se trouver bientôt en face de la pairie, de la noblesse, du clergé, et de la royauté.

Il peut arriver à ces tribuns de voir l'abus des priviléges là où nous voyons des garanties de la liberté publique ; ils peuvent à leur tour demander à changer la constitution pour la corriger. L'exemple de ces changemens est donné, des précédens sont établis, les novateurs sont d'avance absous. Ministres du roi qui avez proposé, députés de la droite qui avez voté la septennalité, vous avez voté tous les attentats que le vôtre autorise : les périls futurs de la monarchie sont les conséquences forcées du principe que vous avez posé. Les républicains peuvent traiter les droits de la couronne comme vous avez traité le renouvellement par cinquième. Grâce à vous, des attaques factieuses sont devenues légales ; s'ils viennent à faillir, vous répondrez de leurs fautes qui seront votre ouvrage. C'est vous qui avez voté les révolutions.

Supposons, contre toute vraisemblance, que les tribuns aient tous et toujours des intentions pures ; l'espoir de la faveur populaire, et le pouvoir accordé à ceux qui la possèdent, la gloire qui s'attache aux réformes patriotiques, sont des séductions puissantes auxquelles la démocratie peut céder sans crime; la pensée peut venir aux plus fermes d'imiter les barons du roi Jean; d'autres, plus modérés, peuvent sourire au projet de transformer par degrés et doucement le roi de France en président des États-Unis.

Déjà l'enthousiasme monarchique se refroidit en Europe. Les peuples se plaignent du mensonge des rois; le roi Ferdinand, qui seul avait déjà beaucoup fait en faveur des républiques, est aujourd'hui aidé par don Miguel, qui fera plus encore. Le bonheur des États-Unis élève en faveur des républiques une voix imposante; les esprits par degrés se préparent aux changemens; les succès de la démocratie paraissent plus faciles, son règne serait accueilli avec moins de répugnance; la tentation d'innover sera donc vive pour nos tribuns, et j'ai peur qu'ils n'y succombent.

La chambre subira d'ailleurs l'influence des passions du dehors; elle a des intérêts communs avec la nation qui l'a nommée, qui l'écoute et qui la juge; une voix dit chaque jour à chaque député : Souviens-toi que tu es peuple et que tu rentreras dans le sein du peuple. Les orateurs qui n'ont pas l'opinion du peuple la prennent pour le dominer; ils savent qu'ils ne parlent pas seulement à la chambre, mais à la nation qui les écoute aux fenêtres; ils conforment donc leur langage aux opinions d'un pareil auditoire, dont les passions deviennent plus démocratiques de jour en jour.

De nombreux journaux qui parlent à tous et sans cesse, des brochures multipliées, les cours publics, les réunions politiques, le jury, les élections, propagent les idées libérales et démocratiques.

La charte elle-même est une exhortation à la démocratie ; les droits qu'elle a cédés ou reconnus nous ont rapprochés du gouvernement populaire ; nous ne sommes plus séparés de la république que par un intervalle assez faible, et nos désirs sont devenus plus ardens pour un bien qu'on a mis à notre portée : comme jurés, comme électeurs, comme municipaux, nous avons ou nous aurons une portion notable de la souveraineté ; nous sommes devenus juges, législateurs et administrateurs. Nous n'en resterons pas là.

Quand on a résolu de former par élection les conseils généraux, ceux des arrondissemens, des cantons et des communes, on a fait de la république en détail.

Je crois d'une foi vive à la sagesse de la nation, mais cette nation, devenue en quelque sorte souveraine, a déjà des flatteurs qui voudraient qu'elle fût tout-à-fait reine pour avoir son règne à dévorer.

Ces flatteurs lui vantent l'heureuse démocratie des États-Unis ; ils lui persuadent qu'en Angleterre, en Suède, en Saxe et en Bavière, comme aussi dans le Wurtemberg et dans les Pays-Bas, tout se modifie et change au profit des institutions républicaines; et dans ce grand tableau de la transfiguration politique du globe, ils n'oublient pas de lui montrer l'Espagne et le Portugal dans les convulsions de l'anarchie.

Il faut compter sur une longue suite de prodiges pour supposer que la chambre basse résiste à tant de périls, de tentations et d'exemples.

Observez la marche de la démocratie à travers tous les temps et tous les pays, vous reconnaîtrez qu'elle a constamment dépassé le but au lieu de se borner à l'atteindre.

Les éphores chargés de surveiller les rois de Lacédémone finirent par les dépouiller de toute autorité.

La démocratie dans Thèbes et dans Corinthe franchit d'abord le cercle où les lois l'avaient renfermée.

Ni l'archontat, ni le sénat, ni l'aréopage ne purent empêcher le triomphe de la populace athénienne sous l'administration démagogique de Périclès.

Le sénat romain, si rempli de sagesse et si fortement constitué, fut vaincu par la puissance des tribuns du peuple.

La chambre des communes a parmi nous autant de force que le tribunat; sa puissance est dans les services même qu'elle nous rend aujourd'hui, et qui lui gagnent notre confiance ; son zèle à détruire l'ancien régime excite aujourd'hui une admiration dont elle peut abuser un jour ; mieux elle aura défendu la constitution, plus elle aura de facilité pour la détruire ; elle a d'avance écarté les soupçons, vaincu toutes les défiances : nous sommes prêts à la suivre en aveugles.

Il est d'autres périls que doit conjurer la pairie. Les rois n'ont pas moins d'amour pour le pouvoir absolu que les tribuns pour la république : aux uns comme aux autres il faut une barrière qui les contienne.

Des rois se rencontrent à volonté forte, qui font rendre à leurs volontés le respect qui n'est dû qu'aux lois. Quand ces rois ont d'ailleurs tout ce que le génie, la gloire et la fortune peuvent donner de puissance, quand ils s'appuient au dehors sur des alliances, et au dedans sur des armées, la résistance devient comme impossible, et c'est pourtant alors qu'elle est le plus nécessaire.

On ne dira point : Ces craintes sont injurieuses ; pourquoi redouter un danger chimérique ; un mauvais roi ne peut sortir de l'auguste famille qui nous gouverne. Ces bêtises-là ne se disent plus.

Ceux d'ailleurs qui ne croient pas aux mauvais rois futurs croient du moins aux mauvais ministres.

Il ne suffit donc pas que le monarque et le ministère soient sommés par une aristocratie courageuse de rentrer dans la constitution; il faut qu'ils soient forcés par une aristocratie puissante d'obéir en effet. Chose admirable, les pairs qui ont cet ascendant moral que donnent les beaux souvenirs et les vertus présentes, les pairs qui ont conquis l'estime et le respect du prince, n'ont pas même à réprimer ces tentatives; ils les empêchent de naître, ils les préviennent par l'idée qu'on a de leur résistance et des soulèvemens qui en seraient la suite.

Mais quand une pairie sans crédit moral, inconnue du pays et peu estimée du prince qui la paye, vient à faire contre lui de l'opposition, le monarque ennuyé de ses remontrances, fait comme Louis xiv, le fouet à la main il vient à elle et la fait taire.

Tantôt comme Olivier Cromwell, il apostrophe tour à tour chacun de ses membres; il dit à l'un tu es un ivrogne, à l'autre tu es un voleur.

Tantôt comme Buonaparte, il enjoint sans phrase à ses grenadiers de saisir l'assemblée et de la jeter par la fenêtre.

Les tribuns ont pour eux le peuple, les despotes ont pour eux l'armée; quand la pairie, qui ne peut avoir aucun de ces deux appuis, est privée de la force morale qui les remplace, elle n'est véritablement qu'un danger, une dépense et une sottise.

La pairie actuelle n'en est pas là; mais son vote impromptu sur les subsides qu'on lui offrait est pour elle un malheur sinon une faute.

Les ministres qui l'ont dotée sont comme ce peintre de l'antiquité qui peignait Vénus couverte de pierreries ; ne pouvant la faire belle, ils la font riche.

Donner à la pairie autant de membres qu'en avait sous Auguste le sénat romain, substituer pour les nouveaux pairs l'inamovibilité à l'hérédité, changer en fonctions de bienfaisance les inutiles fonctions de gouverneurs de divisions militaires, et les attribuer comme moyen de patronage aux pairs qui vivent en province, donner toute publicité au procès-verbal des séances de la chambre haute, déclarer la pairie incompatible avec une charge à la cour, voilà les mesures qui rendraient à la pairie ce qu'elle a perdu en acceptant les dotations.

Plusieurs députés ont imité les pairs ; partout il est bruit d'une haute paye accordée aux vétérans de la troupe ministérielle qui a fait les campagnes de M. de Villèle.

Ce que font les pairs et les députés, les ministres le faisaient depuis long-temps. Une pension de vingt mille francs est comme une prime de sortie accordée aux ministres éloignés des affaires.

Mécontens du présens, portons nos regards sur les générations naissantes et sur l'éducation nationale qu'elles reçoivent.

VERSAILLES. Imprimerie d'ALLOIS,
avenue de St.-Cloud, n° 3.